Niños en la Tierra

Aventuras de vida Silvestre - Explora el Mundo
Black Macaque - Indonesia

Sensei Paul David

Página De Derechos De Autor

Niños en la Tierra: Aventuras de vida Silvestre - Explora el Mundo
Black Macaque - Indonesia
por Sensei Paul David,
Copyright © 2024.
Todos los derechos reservados.
978-1-77848-639-5
KoE_Wildlife_Spanish_PaperbackBook_Ingram_BlackMacaqueMonkey
978-1-77848-638-8
KoE_Wildlife_Spanish_PaperbackBook_Amazon_BlackMacaqueMonkey
978-1-77848-637-1
KoE_Wildlife_Spanish_eBook_Amazon_BlackMacaqueMonkey
Este libro no está autorizado para su distribución y copia gratuita.

www.senseipublishing.com

@senseipublishing
#senseipublishing

Synopsis

Este libro ofrece una mirada única al macaco negro, una especie de primate que se encuentra solo en ciertas partes de Indonesia. Explora 30 datos divertidos sobre estos animales, desde su dieta y comportamiento hasta su hábitat y estado de conservación. También examina la historia de la especie, las amenazas que enfrentan y los esfuerzos para protegerlos. Este libro es perfecto para niños de 6 a 12 años que estén interesados en aprender más sobre estos fascinantes animales.

¡Obtenga nuestros libros GRATIS ahora!

kidsonearth.life

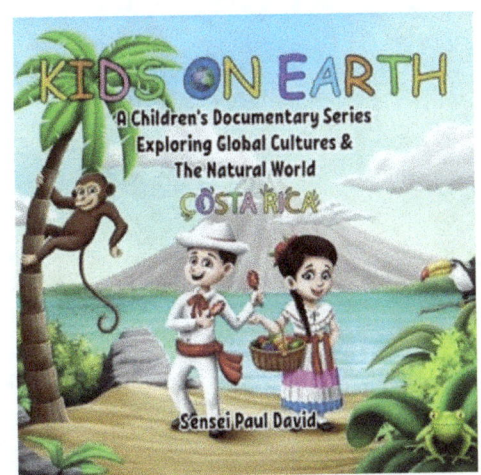

kidsonearth.world

Haga clic a continuación o busque en Amazon otro libro de cada serie o visite:

¡Únete a nuestro viaje editorial!

Si desea recibir LIBROS GRATIS FUTUROS,Y conocernos mejor,Por favor, haga clic en el enlace www.senseipublishing.com Y únete a nuestro boletín ingresando tu dirección de correo electrónico en la caja emergente.

Sigue nuestro blog: senseipauldavid.ca

Sigue/Me gusta/Suscribirse: Facebook, Instagram, YouTube: @senseipublishing

Escanee el código QR con su teléfono o tableta

para seguirnos en las redes sociales: Me gusta / Suscríbete / Síguenos

Introducción

¡Bienvenidos al fascinante mundo de los Macacos Negros! Estos increíbles animales se encuentran solamente en ciertas partes de Indonesia, y tienen características verdaderamente únicas que los distinguen de otros primates. En este libro, explorarás 30 datos divertidos sobre los Macacos Negros, desde su dieta y comportamiento hasta su hábitat y estado de conservación. También aprenderás sobre la historia de su especie, las amenazas que enfrentan y lo que puede hacerse para ayudar a protegerlos. ¡Así que sumérgete y descubre algunos datos increíbles sobre estos animales increíbles!

El Macaco Negro también es conocido como el Macaco Crestado Celebes, o Macaca nigra.

Son la única especie de macaco nativa de Indonesia.

Los Macacos Negros tienen una distintiva cresta negra de pelo en sus cabezas, y su pelaje es generalmente de color marrón oscuro o negro.

También están amenazados por la destrucción de su hábitat, ya que los bosques son talados para dar paso a tierras agrícolas.

Tienen una dieta diversa que incluye frutas, hojas, insectos e incluso pequeños vertebrados.

También son conocidos por utilizar expresiones faciales para transmitir emociones.

13

Han sido vistos usando herramientas, como piedras y palos, para abrir alimentos o para defenderse.

Los Macacos Negros son polígamos y los machos compiten por las hembras.

Habitan una variedad de hábitats, incluyendo bosques tropicales, manglares y bosques secundarios.

Son activos durante el día y duermen en los árboles por la noche.

Los Macacos Negros tienen una esperanza de vida de hasta 25 años en libertad.

Están listados como Vulnerables en la Lista Roja de Especies Amenazadas de la IUCN.

En ciertas áreas, también son cazados por su carne, considerada una delicia.

Son omnívoros y se les ha visto robando cultivos de agricultores locales.

They are omnivores and have been known to raid crops of local farmers.

Black Macaques are protected by law in Indonesia, but illegal hunting still takes place.

Los Macacos Negros están protegidos por leyes en Indonesia, pero aún ocurre caza ilegal.

Hay actualmente alrededor de 2,500 individuos en la naturaleza, lo que los hace Criticamente Amenazados.

Los Macacos Negros son animales altamente inteligentes y pueden ser entrenados en cautiverio.

Son excelentes escaladores y a menudo se pueden ver moviéndose entre los árboles.

Los Machos Macacos Negros son más grandes que las hembras, y pueden alcanzar un peso de hasta 30 libras.

Son la especie de macaco más terrestre y pasan gran parte de su tiempo en el suelo.

En cautiverio, comen una variedad de frutas, verduras, nueces e insectos.

Son animales altamente sociales y viven en tropas de hasta 30 individuos.

Generalmente dan a luz a un bebé cada dos años.

Los jóvenes Macacos Negros permanecen con sus madres hasta que tienen alrededor de dos años.

Los Macacos Negros se encuentran principalmente en las partes norte y este de Sulawesi, Indonesia.

También se encuentran en pequeñas partes de las islas vecinas de Buton y Muna.

Actualmente hay varios esfuerzos de conservación en marcha para proteger las poblaciones de Macacos Negros.

El Macaco Negro es una especie importante para la gente de Indonesia, y su protección es esencial para la salud del ambiente local.

Conclusión

El Macaco Negro es una especie increíble que solo se encuentra en ciertas partes de Indonesia. Desde su apariencia única hasta su comportamiento social e inteligencia, estos animales tienen muchas características fascinantes. En este libro, has explorado 30 datos divertidos sobre los Macacos Negros, desde su dieta y hábitat hasta su estado de conservación y las amenazas que enfrentan. Esperamos que hayas disfrutado aprendiendo sobre estos increíbles animales y que ahora tengas una mayor comprensión de la importancia de protegerlos para las generaciones futuras.

Gracias por leer este libro!

Si encontraste este libro útil, estaría agradecido si publicaras una reseña honesta en Amazon para que este libro pueda llegar y ayudar a otras personas.

Todo lo que necesitas hacer es visitar amazon.com/author/senseipauldavid Haga clic en la portada correcta del libro y haga clic en el enlace azul junto a las estrellas amarillas que dice "reseñas de clientes"

Como siempre...

Es un gran día para estar vivo!

¡Comparta nuestros libros electrónicos GRATIS ahora!

kidsonearth.life

kidsonearth.world

Haga clic a continuación o busque en Amazon otro libro de cada serie o visite:

www.amazon.com/author/senseipauldavid

www.senseipublishing.com

@senseipublishing
#senseipublishing

Mira nuestras **recomendaciones** para otros libros para adultos y niños, además de otros grandes recursos visitando.

www.senseipublishing.com/resources/

¡Únete a nuestro viaje editorial!

Si desea recibir LIBROS GRATIS, ofertas especiales, visite por favor.

www.senseipublishing.com Y únete a nuestro boletín ingresando tu dirección de correo electrónico en la caja emergente

Sigue nuestro atractivo blog AHORA!

senseipauldavid.ca

Consigue nuestros libros GRATIS hoy!

Haz clic y comparte los enlaces a continuación

Libros gratis para niños

lifeofbailey.com

kidsonearth.world

Libro de auto-desarrollo GRATIS

senseiselfdevelopment.senseipublishing.com

BONO GRATIS!!!

Experimenta más de 25 meditaciones guiadas gratuitas y entretenidas!

Habilidades y prácticas preciadas para adultos y niños. Ayuda a restaurar el sueño profundo, reducir el estrés, mejorar la postura, navegar la incertidumbre y más.

Descargue la aplicación gratuita Insight Timer y haga clic en el enlace a continuación:
http://insig.ht/sensei_paul

Si te gustan estas meditaciones y quieres profundizar, envíame un correo electrónico para una sesión de coaching en vivo GRATIS de 30 minutos:
senseipauldavid@senseipublishing.com

Acerca de Sensei Publishing

Sensei Publishing se compromete a ayudar a las personas de todas las edades a transformarse en mejores versiones de sí mismas proporcionando libros de autodesarrollo de alta calidad y basados en investigaciones con énfasis en la salud mental y meditaciones guiadas. Sensei Publishing ofrece libros electrónicos, audiolibros, libros de bolsillo y cursos en línea bien escritos que simplifican temas complicados pero prácticos en línea con su misión de inspirar a las personas hacia una transformación positiva.

Es un gran día para estar vivo!

Sobre el autor

Creo libros electrónicos y meditaciones guiadas simples y transformadoras para adultos y niños, probadas para ayudar a navegar la incertidumbre, resolver problemas específicos y acercar a las familias.

Soy un ex gerente de proyectos financieros, piloto privado, instructor de jiu-jitsu, músico y ex entrenador de fitness de la Universidad de Toronto. Prefiero un enfoque basado en la ciencia para enfocarme en estas y otras áreas de mi vida para mantenerme humilde y hambriento de evolucionar. Espero que disfrutes mi trabajo y me encantaría escuchar tus comentarios.

- Es un gran día para estar vivo!
Sensei Paul David

Escanea y sigue/me gusta/suscribete: Facebook, Instagram, YouTube: @senseipublishing

Escanea con la cámara de tu teléfono/iPad para las redes sociales

Visítanos www.senseipublishing.com Y regístrate a nuestro boletín para aprender más sobre nuestros emocionantes libros y para experimentar nuestras Meditaciones Guiadas GRATIS para Niños y Adultos.

www.ingramcontent.com/pod-product-compliance
Lightning Source LLC
Chambersburg PA
CBHW080611100526
44585CB00035B/2382